AF106508

www.ingramcontent.com/pod-product-compliance
Lightning Source LLC
LaVergne TN
LVHW010414070526
838199LV00064B/5295
* 9 7 8 9 3 5 8 7 2 7 7 0 8 *

حجاب: اسلام کا انتظامی حکم

(مضامین)

غازی عبدالرحمن قاسمی

© Ghazi Abdul Rahman Qasmi

Hijaab : Islam ka intizaami Hukm (Essays)

by: Ghazi Abdul Rahman Qasmi

Edition: March '2024
Publisher :
Taemeer Publications LLC (Michigan, USA / Hyderabad, India)

ISBN 978-93-5872-770-8

9 789358 727708

مصنف یا ناشر کی پیشگی اجازت کے بغیر اس کتاب کا کوئی بھی حصہ کسی بھی شکل میں بشمول ویب سائٹ پر اَپ لوڈنگ کے لیے استعمال نہ کیا جائے۔ نیز اس کتاب پر کسی بھی قسم کے تنازع کو نمٹانے کا اختیار صرف حیدرآباد (تلنگانہ) کی عدلیہ کو ہو گا۔

©غازی عبدالرحمن قاسمی

کتاب	:	**حجاب : اسلام کا انتظامی حکم**
مصنف	:	**غازی عبدالرحمن قاسمی**
پروف ریڈنگ / تدوین	:	اعجاز عبید
صنف	:	مذہب
ناشر	:	تعمیر پبلی کیشنز (حیدرآباد، انڈیا)
سالِ اشاعت	:	۲۰۲۴ء
صفحات	:	۴۸
سرورق ڈیزائن	:	تعمیر ویب ڈیزائن

فہرست

(۱)	حجاب کے معنی	6
(۲)	ستر کے معنی	7
(۳)	ستر و حجاب میں فرق	8
(۴)	قبل از اسلام حجاب	11
(۵)	فواحش کی ممانعت	17
(۶)	انسداد فواحش کے لیے شریعت کے مزید اقدامات	22
(۷)	احکام حجاب	32
(۸)	خلاصہ بحث	41
(۹)	حواشی	42

حجاب کے معنی

"حجاب" کا لفظ، آڑ، اوٹ اور پردہ ورکاوٹ کے معنی میں استعمال ہوتا ہے۔

ابن منظور افریقی (م ۷۱۱ھ) لکھتے ہیں:

الحجاب: الستر۔۔۔۔والحجاب مااحتجب بہ وکل ماحال بین شیئین حجاب

"حجاب" سے مراد "پردہ" ہے اور "حجاب" کا لفظ ہر اس چیز کے لیے استعمال ہوتا ہے جس کے ذریعے "پردہ کیا جائے اور ہر وہ چیز جو کہ دو اشیاء کے درمیان آڑ ہو "حجاب" کہلاتی ہے۔"

قرآن مجید میں بھی انہی معنوں میں استعمال ہوا ہے:

(وَاِذَا سَاَلۡتُمُوۡهُنَّ مَتَاعًا فَسۡـَٔلُوۡهُنَّ مِنۡ وَّرَآءِ حِجَابٍ)

"اور جب تمہیں ان (نبی کی بیویوں) سے کوئی چیز مانگنا (یا کچھ پوچھنا) ہو تو تم پردے کے پیچھے سے مانگا (اور پوچھا) کرو"

انسانی معاشرتی زندگی میں "ستر" اور "حجاب" دونوں خاص اہمیت کے حامل ہیں۔ "ستر" اور "حجاب" دو مختلف چیزیں ہیں جن کے مفہوم کو اکثر خلط کر دیا جاتا ہے۔ "ستر" تو ہر دین سماوی میں فرض تھا جبکہ "حجاب" اکثر شریعتوں اور شروع اسلام میں بھی فرض نہیں تھا بلکہ پانچ ہجری کو اس کا حکم نازل ہوا۔

ستر کے معنی

لفظ "الستر" عربی زبان کا لفظ ہے جس کا مطلب "چھپانا" اور "ڈھانکنا" ہے۔ محمد بن ابی بکر رازی (م ۷۲۱ھ) لکھتے ہیں:

الستر جمعہ ستور و أستار والسترۃ ما یستر بہ کائنا

"الستر (مصدر) کی جمع ستور اور استار ہے۔ "ستر" اور "سترہ" ہر اس چیز کو کہتے ہیں جس سے کوئی چیز چھپائی جائے۔"

اعضائے مستورہ کا چھپانا تمام انبیاء کی شریعتوں میں فرض اور لازمی تھا۔ ستر کی ضرورت اور مشروعیت تو حضرت آدمؑ کے نزول علی الارض اور بعثت سے بھی پہلے ملتی ہے۔ قرآن کریم میں حضرت آدمؑ و حواؑ کا ذکر ملتا ہے کہ انہوں نے جنت کے پتوں سے اپنے جسم کو چھپایا۔

ستر و حجاب میں فرق

"ستر "اور" حجاب" کے درمیان چند فرق ہیں۔

مفتی محمد شفیعؒ (م ۱۹۷۶ء) لکھتے ہیں:

ان ستر العورۃ فرض فی نفسہ مع قطع النظر عن روءیۃ الناس وعدمہا، وفی الصلوۃ وخارجہا، ولذالک وجب فی الخلوۃ ایضا علی الصحیح ولا کذالک الحجاب فانہ لا حجاب الا حیث خیف روءیۃ الاجانب

"اعضائے مستورہ کا چھپانا بذات خود فرض ہے قطع نظر کرتے ہوئے اس بات سے کہ کوئی دیکھنے والا ہے یا نہیں اور دوران نماز اور ادائیگی کے بعد بھی فرض ہے، اور قول صحیح کے مطابق خلوت میں بھی ستر عورت واجب ہے، جب کہ حجاب کا حکم ایسا نہیں ہے بلکہ حجاب کی ضرورت اس وقت پیش آتی ہے جب اجنبیوں کی نظر پڑنے کا خوف ہو"

فقہ کی مشہور کتاب "بحر الرائق" کے حوالے سے مفتی صاحب لکھتے ہیں:

واعلم ان ستر العورۃ خارج الصلوۃ بحضرۃ الناس واجب اجماعا۔۔۔۔ حتی لو صلی فی بیت مظلم عریانا ولہ ثوب طاہر لا یجوز اجماعا

"جان لیجئے کہ اعضائے مستورۃ کا نماز کے علاوہ لوگوں کی موجودگی میں چھپانا بالاجماع واجب ہے، اگر کسی نے تاریک مقام پر عریاں نماز پڑھی جب کہ اس کے پاس پاک کپڑے موجود تھے تو بالاجماع اس کی نماز جائز نہیں ہو گی"

اور آگے مفتی صاحبؒ لکھتے ہیں:

ان ستر العورة فرض علی کل مومن ومومنة، الرجل والمراۃ فیہ سواء، والحجاب مخصوص بالنساء

"ستر عورت ہر مومن اور مومنہ پر فرض ہے اور اس حکم میں مرد و عورت دونوں برابر ہیں لیکن حجاب کا حکم صرف عورتوں کے ساتھ خاص ہے۔"

مفتی صاحبؒ مزید لکھتے ہیں:

ان المراۃ عورة مستورة کل بدنہا سوی الوجہ والکفین، فالوجہ والکفان لیسا من العورة بالاتفاق حتی جازت الصلوۃ مع کشفہما اجماعا

"بے شک عورت کا سارا جسم ستر میں داخل ہے جس کا چھپانا ضروری ہے سوائے چہرے اور ہتھیلیوں کے، یہ دونوں چیزیں بالاتفاق ستر میں داخل نہیں ہیں، اگر یہ دونوں چیزیں نماز میں کھلی ہوئی ہیں تو بالاجماع نماز صحیح ہوگی۔"

مندرجہ بالا عبارات سے ستر اور حجاب کے درمیان درج ذیل فرق معلوم ہوئے۔

☆ستر عورت فی نفسہ ضروری ہے کوئی موجود ہو یا نہ ہو جب کہ حجاب فی نفسہ ضروری نہیں جب تک کوئی دیکھنے والا غیر محرم موجود نہ ہو۔

☆ ستر عورت نماز میں فرض ہے اگر کسی نے تاریک مقام پر بغیر لباس کے باوجود پاک کپڑوں کی موجودگی کے نماز ادا کی تو اس کی نماز بالاجماع جائز نہ ہوگی، جب کہ حجاب (چہرے کا پردہ) نماز میں فرض نہیں ہے۔

☆ ستر کو ڈھانپنے کا حکم ہر مسلمان مرد اور عورت دونوں کو ہے لیکن حجاب کا حکم صرف عورتوں کو ہے، گویا حجاب ستر کے علاوہ اضافی چیز ہے جس کا تعلق غیر محرم یا اجنبی مردوں سے ہوتا ہے۔

☆ چہرے اور ہتھیلیوں کے علاوہ عورت کا تمام جسم ستر میں داخل ہے جس کا چھپانا اس کے لیے لازم ہے اور تمام اہل علم کا اس بات پر اتفاق ہے کہ چہرہ اور ہتھیلیاں یہ ستر میں نہیں ہیں لہذا اگر ان دونوں کو ڈھانپے بغیر کسی عورت نے نماز ادا کی تو اہل علم کے ہاں اس کی نماز صحیح ہوگی۔

بہر کیف ستر اور حجاب کے درمیان فرق ہے جس کو اکثر نظر انداز کر دیا جاتا ہے۔

قبل از اسلام حجاب

حجاب کا تعلق صرف تاریخ اسلام سے نہیں ہے بلکہ اسلام سے قبل بھی مختلف تہذیبوں اور علاقوں میں اس کا ثبوت ملتا ہے۔

قدیم یونان میں حجاب

اقوام قدیمہ میں جس قوم کی تہذیب سب سے زیادہ شاندار نظر آتی ہے وہ اہل یونان ہیں۔یونان کی عریانی اور فحاشی کی داستانیں تو بہت مشہور ہیں لیکن ایسا دور بھی تھا جب ان میں پردہ کا رواج تھا اور گھریلو شریف عورت کی عزت ہر سوسائٹی میں رہی ہے۔

Han Licht لکھتا ہے:

"جدید دور کا نظریہ کہ عورتوں کی دو قسمیں ہیں ماں اور بازاری عورت، قدیم ترین یونانیوں میں بھی موجود تھا، اور اسی کے مطابق ان کا عمل بھی تھا، جب یونانی عورت ماں بن جاتی تو گویا اس نے اپنی زندگی کا مقصد پالیا، ماں بننے والی عورت کی جتنی عزت یونانی کرتے اتنی کسی اور کی نہ کرتے تھے، ماں بننے کے بعد عورت کا کام گھر سنبھالنا اور بچے پالنا اور لڑکیوں کی نگہداشت ہوتا تھا حتی کہ ان کی شادی کر دی جائے۔"

یہی مصنف مزید لکھتا ہے کہ:

"ایتھنز کے لوگ بلند پایہ علمی گفتگو کو مردوں کے لیے روٹی کی مانند ضروری سمجھتے تھے لیکن ان کے نزدیک عورت کی نفسیات مختلف تھیں اس وجہ سے ان کو عورتوں کے کمروں میں ہی محدود رکھا جاتا تھا۔"

مصنف سپارٹا کی عورتوں کے نیم عریاں لباس کا ذکر کرتے ہوئے بطور تقابل ایتھنز کا حال یوں بیان کرتا ہے:

"ایتھنز میں شادی شدہ عورت کا یہ فرض تھا کہ وہ گھر کے اندرونی حصوں ہی میں رہے تا کہ کہیں ایسا نہ ہو کہ کسی راہ گیر کی نظر کھڑکی میں سے خاتون خانہ پر پڑ جائے۔"

روم کی قدیم عورتوں میں حجاب

یونانیوں کے بعد جس قوم کو دنیا میں عروج نصیب ہوا وہ اہل روم تھے، رومیوں کی پرانی تہذیب میں عورت کی حیثیت ایک باوقار اور عفت وحیاء کے پیکر کی تھی، روم میں جو عورتیں دایا گیری کا کام کرتی تھیں وہ بھی اپنے گھروں سے نکلتے وقت بھاری نقاب میں اپنا چہرہ چھپا لیتی تھیں اور اس کے اوپر ایک موٹی چادر اوڑھتی تھیں جو ایڑی تک لٹکتی رہتی ، پھر اس چادر کے اوپر بھی ایک عبا اوڑھی جاتی تھی جس کے سبب اس کی شکل نظر نہ آتی تھی اور نہ جسم کی بناوٹ ظاہر ہوتی تھی۔

عیسائیت میں حجاب

جسٹس سید امیر علی (م ۱۹۱۹ء) عورتوں کے بارے میں عیسائیت کے نقطہ نظر کو

بیان کرتے ہوئے لکھتے ہیں:

"ابتدائی زمانوں میں جب اشرف و اسفل، عالم و جاہل، سب کا مذہب حضرت عیسیٰؑ کی والدہ کی پرستش پر مشتمل تھا۔۔۔۔راسخ العقیدہ کلیسا نے عورتوں کو ادنی ترین رسوم سوا کے تمام مذہبی رسوم سے خارج کر دیا تھا، انہیں تاکید تھی کہ گھر کے گوشہ عزلت میں بسر کریں، اپنے میاں کی اطاعت اور گھر کا کام کریں، اگر وہ کبھی گھر سے باہر جائیں تو ضروری تھا کہ وہ اپنے آپ کو سر سے پاؤں تک لپیٹ لیں۔"

بائبل میں حجاب کا ذکر

عہد نامہ قدیم میں بھی "برقع" کا لفظ کئی جگہ ملتا ہے۔

"عہد نامہ قدیم" میں صیہونی لڑکیوں کو جو بناؤ سنگھار کر کے ننگے سر لوگوں کو متوجہ کرتی ہوئی نکلتی تھیں۔ سخت مذمت کی گئی ہے۔ یہ اور مذمت رب کی اس وعید تک پہنچتی ہے کہ ان کے سروں کو سزا کے طور پر گنجا کر دیا جائے گا۔

"عہد نامہ جدید" میں اس بات پر انتہائی سختی کی گئی ہے کہ عورت کو اپنا سر ڈھانکنا ضروری ہے ورنہ وہ ایسی ہو گی جس کے سر پر شیطان ہو اور سزا کے طور پر اس کو گنجا کر دیا جائے اور اس کے ساتھ کتاب مقدس کے دلائل بناؤ سنگھار ترک کر کے نفس کو سنوارنے کے بارے میں آئے ہیں۔ اور یہ حجاب جو بائبل میں فرض تھا وہ تقوی، فتنہ سے دور اور معاشرے میں فساد کو روکنے کے لیے تھا۔

ایران میں حجاب کا رواج

ایران میں بھی "حجاب" کا رواج تھا اور ایرانی حرم میں تو "پردہ" اس قدر شدت کے ساتھ رائج تھا کہ نرگس کے پھول بھی محل کے اندر نہیں جاسکتے تھے کیونکہ نرگس کی آنکھ مشہور ہے۔

عرب میں حجاب

مولانا شبلی نعمانی (۱۹۱۴ء) لکھتے ہیں:

"چہرہ اور تمام اعضاء کا پردہ عرب میں اسلام سے پہلے موجود تھا۔"

زمانہ جاہلیت کی شاعری میں حجاب کا تذکرہ

عرب جاہلیت کے حالات معلوم کرنے کے لیے سب سے عمدہ اور مستند ذریعہ شعرائے جاہلیت کے اشعار ہیں، اور شعرائے جاہلیت کے کئی ایسے اشعار ملتے ہیں جن سے وہاں کے رواج "حجاب" کی تفصیل معلوم ہوتی ہے۔

ربیع بن زیادہ عبسی جو جاہلیت کا ایک مشہور شاعر ہے، مالک بن زہیر کے مرثیہ میں کہتا ہے۔

من کان مسرورا بمقتل مالک

فلیات نسوتنا بوجہ نہار

یجد النساء حواسرا یندبنہ

یلطمن اوجھن بالاسحار

قد کن یخبان الوجوۃ تسترا

فالیوم حین برزن للنظار

ترجمہ:

جو شخص مالک کے قتل سے خوش ہوا ہے

وہ ہماری عورتوں کو دن میں آکے دیکھے

وہ دیکھے گا کہ عورتیں برہنہ سر نوحہ کر رہی ہیں

اور اپنے چہروں کو صبح کے وقت پیٹ رہی ہیں

وہ شرم اور ناموس سے ہمیشہ اپنا چہرہ چھپایا کرتی تھیں

لیکن آج غیر معمولی طور سے دیکھنے والوں کے سامنے بے پردہ آئیں

حقیقت یہ ہے کہ عربوں کے ہاں نہ صرف "حجاب" کا رواج تھا بلکہ آزاد اور باندیوں کے درمیان وجہ امتیاز بھی تھا یہ اس دور کی عام معاشرت تھی، جو اسلام کے بعد بھی رائج رہی۔

ایک جاہلی شاعر سبرۃ بن عمر فقعسی اپنے دشمنوں یہ طعن کرتے ہوئے کہتا ہے۔

ونسوتکم فی الروع باد وجوہہا

یخلن اماء والاماء حرائر

ترجمہ:

لڑائی میں تمہاری عورتوں کے چہرے کھل گئے تھے

اور اس وجہ سے وہ لونڈیاں معلوم ہوتی تھی حالانکہ وہ بیویاں تھیں

اسلام میں بھی "حجاب" کے باقاعدہ احکامات نازل ہونے سے پہلے "حجاب" کا رواج تھا۔

حضرت زینب بنت جحشؓ کے نکاح کے وقت پہلی آیت "حجاب" نازل ہوئی ہے اس

کے نازل ہونے سے پہلے بھی حدیث میں ان کی گھر میں نشست کی یہ صورت بیان کی گئی ہے۔

((وَزَوْجَتُهُ مُوَلِّيَةٌ وَجْهَهَا إِلَى الْحَائِطِ))

"اور آپ صلی اللہ علیہ وسلم کی زوجہ محترمہ دیوار کی طرف رخ کئے ہوئے بیٹھی ہوئی تھیں۔"

مندرجہ بالا حوالوں سے یہ بات واضح اور ثابت ہوتی ہے کہ "حجاب" کی ضرورت و اہمیت اور افادیت مختلف تہذیبوں اور علاقوں میں مسلم رہی ہے اور اسلام میں بھی احکام حجاب کے نازل ہونے سے پہلے بھی حجاب کا رواج تھا۔

واضح رہے کہ احکام حجاب شریعت میں اصل مقصود نہیں ہیں۔ بلکہ اصل مقصود بے راہ روی کا خاتمہ ہے جو کہ انسانیت کے لیے انتہائی نقصان دہ ہے۔ چنانچہ بے راہ روی کے خاتمہ اور حفظ عصمت کے لیے یہ احکامات دیے گئے ہیں۔ اور اس سلسلہ میں جو چیزیں مدد و معاون ہو سکتی تھیں شریعت مطہرہ نے ان کے بجالانے کا مطالبہ کیا ہے۔ اور جو چیزیں نقصان دہ تھیں ان سے اجتناب کا حکم دیا ہے۔

فواحش کی ممانعت

اسلام نے معاشرے میں عفت و عصمت کے نظام کی داغ بیل ڈالنے کے لیے ہر قسم کے فواحش و منکرات کو حرام قرار دیا۔

ارشاد باری تعالیٰ ہے:۔

(قُلْ اِنَّمَا حَرَّمَ رَبِّيَ الْفَوَاحِشَ مَا ظَهَرَ مِنْهَا وَمَا بَطَنَ وَالْاِثْمَ وَالْبَغْيَ بِغَيْرِ الْحَقِّ)

"(اے نبی ﷺ) فرما دیجئے کہ تمام فحش باتوں کو البتہ میرے رب نے حرام کیا ہے خواہ وہ اعلانیہ ہوں خواہ پوشیدہ اور ہر گناہ کی بات کو اور ناحق کسی پر ظلم کرنے کو بھی حرام کیا ہے۔"

اس آیت میں لفظ "فواحش" استعمال ہوا ہے۔ جس کی جمع "فاحشہ" ہے۔ اور اس کا اردو میں ترجمہ "برا" اور "قابل نفرت قول یا فعل" اور "بدکاری و بے حیائی" سے کیا جاتا ہے۔ لفظ "فحش" اور "فحشاء" بھی انہی معنوں میں استعمال ہوتے ہیں۔

قرآن و حدیث کی اصطلاح میں ہر ایسے برے کام کے لیے یہ الفاظ استعمال ہوتے جن کی برائی اور فساد کے اثرات برے ہوں اور دور تک پہنچیں۔

قرآن کریم میں جابجا فحش و فحشاء کی ممانعت وارد ہوئی ہے۔

ایک اور مقام پر ہے۔

(وَيَنْهٰى عَنِ الْفَحْشَآءِ وَالْمُنْكَرِ)

"اور اللہ بے حیائی اور بری بات سے منع کرتا ہے۔"

ایک مقام پر تو "فواحش" کے قریب جانے سے بھی منع کیا گیا ہے۔

ارشاد ربانی ہے:

(وَلَا تَقۡرَبُوا الۡفَوَاحِشَ مَا ظَهَرَ مِنۡهَا وَمَا بَطَنَ)

"اور بے شرمی کی باتوں کے قریب بھی نہ جاؤ خواہ وہ کھلی ہوں یا چھپی۔"

اس آیت کی تفسیر کرتے ہوئے مفتی محمد شفیعؒ لکھتے ہیں:

"اس آیت کو اگر مفہوم عام میں لیا جائے تو تمام بری خصلتیں اور گناہ خواہ زبان کے ہوں خواہ ہاتھ پاؤں کے ہو، اور خواہ دل سے متعلق ہوں، سبھی اس میں داخل ہو گئے، اور اگر مشہور عوام معنی "بے حیائی" کے لیے جائیں تو اس کے معنی بدکاری اور اس کے مقدمات اور اسباب مراد ہوں گے۔"

مندرجہ بالا حوالہ سے واضح ہوا کہ "فواحش" کے مفہوم میں وسعت ہے، جس کی تعیین دو صورتوں میں کی جاسکتی ہے۔

☆ "فواحش" سے مفہوم عام مراد ہو تو اس میں تمام گناہ اور خصائل داخل ہونگے جن کا تعلق اعضاء اور جوارح سے ہے۔

☆ "فواحش" سے مشہور عوام معنی "بے حیائی" کے لیے جائیں تو "بدکاری اور اس کے مقدمات و اسباب" مراد ہوں گے جن سے ممانعت ہے۔

بہر کیف فواحش و بدکاری اور اس کے مقدمات دنیا کی ان مہلک برائیوں میں سے ہے جن کے مہلک اثرات صرف اشخاص و افراد کو نہیں بلکہ معاشروں کو تباہ کر دیتے ہیں۔ چنانچہ اسلام نے ان چیزوں کو انسانیت کے لیے مضر قرار دے کر قابل سزا جرم کہا ہے، ان کے مقدمات پر بھی پابندیاں عائد کیں، اور ان کو ممنوع قرار دیا ہے۔

اس معاملے میں مقصود اصلی بے راہ روی اور بدکاری سے بچانا تھا تو وہ چیزیں جو بے

راہ روی کی طرف کھینچ سکتی تھیں ان پر "سد ذرائع" کے طور پر پابندیاں عائد کیں۔ چنانچہ جس طرح عائلی اور معاشرتی زندگی کو خوش گوار، پائیدار اور صحت مند بنیادوں پر استوار کرنے کے لیے راہنما اصول دیے گئے اسی طرح بے حیائی، بدکاری اور بے آبروئی کے تمام سرچشمے بند کرنے کے لیے "سد ذرائع" کے اصول دیے گئے ہیں اور اسی سلسلے کی ایک کڑی "احکام حجاب" ہیں۔

جس طرح بنیادی عقائد، توحید ورسالت، آخرت تمام انبیاء کی تعلیمات میں مشترک و متفق رہے ہیں اس طرح عام معاصی، اور فواحش و منکرات ہر شریعت و مذہب میں حرام قرار دیے گئے ہیں لیکن شرائع سابقہ میں ان کے اسباب و ذرائع کو مطلقا حرام قرار نہیں دیا گیا تھا، جب تک کہ ان کے ذریعہ کوئی جرم واقع نہ ہو جائے۔

شریعت محمدیہ ﷺ اپنے دامن میں عالمگیریت رکھتی ہے۔ اور تا قیامت آنے والے انسانوں کے لیے مشعل راہ تھی اس لیے اللہ تعالیٰ نے اس کی حفاظت کا خاص اہتمام یہ کیا کہ جرائم و معاصی کی حرمت کے ساتھ ہی ان اسباب و ذرائع کو بھی حرام قرار دے دیا گیا جو ان گناہوں تک پہنچا سکتے ہیں۔

اس کی شریعت مطہرہ میں بہت سی مثالیں ملتی ہیں۔

☆ اللہ تعالیٰ کی شان میں گستاخی کرنا بہت بڑا گناہ ہے۔ معبودان باطل کی مذمت کی جائے تو ان کے پرستار، اللہ تعالیٰ کی شان میں گستاخی کر سکتے ہیں۔ اسی لیے قرآن مجید نے جھوٹے خداؤں کو بھی برا بھلا کہنے سے منع فرمایا ہے۔

☆ اسلام میں شراب نوشی کو حرام کیا گیا تو شراب کے بنانے والے، بیچنے، خریدنے اور کسی کو دینے کو بھی حرام قرار دیا گیا۔

☆ سود کو حرام قرار دیا گیا تو سود سے ملتے جلتے معاملات یا جن میں سود کا

احتمال تھا ان کو بھی ناجائز کہا۔

☆ شرک کو قرآن کریم نے ظلم عظیم اور ناقابل معافی جرم قرار دیا تو جہاں ان چیزوں کا شبہ پایا جاسکتا تھا شریعت نے ان سے بھی روکا، کہ سورج کے طلوع و غروب اور وسط میں نماز ادا نہیں کرنی محض اس وجہ سے کہ سورج پرستوں کے ساتھ مشابہت نہ ہو۔

قرآن کریم میں عورتوں کے لیے زیورات پہن کر زمین پر پاؤں مارنے کی ممانعت آئی ہے کہ ان کی مخفی زینت کا سننے والے کو حال معلوم نہ ہو، حالانکہ پاؤں مارنا فی نفسہ جائز ہے لیکن سننے والے کے دل میں خواہشات پیدا ہو سکتی ہیں اس لیے شریعت نے منع کر دیا۔

☆ اسی طرح شریعت نے زنا کو حرام قرار دیا تو اس کے تمام اسباب قریبہ اور ذرائع کو بھی حرام قرار دیا، مثلاً غض بصر کا حکم غیر محرم مرد عورت کی تنہائی کی ملاقات پر پابندی وغیرہ اور اسی سلسلے میں عورتوں کے لیے "حجاب" کے احکامات نازل فرمائے۔ حجاب کا حکم بھی دراصل اسی "سد ذرائع" کے اصول پر مبنی ہے۔

واضح رہے کہ اسباب و ذرائع کا قرب و بعد کا سلسلہ ایک طویل سلسلہ ہے اگر علی الاطلاق اس پر پابندی لگائی جائے تو زندگی دشوار اور عمل میں تنگی پیش آئے گی جو شریعت کے مزاج کے خلاف ہے۔

قرآن کریم کا واضح ارشاد ہے:

(وَمَا جَعَلَ عَلَيۡكُمۡ فِي الدِّيۡنِ مِنۡ حَرَجٍ)

"اور دین میں تم پر کسی طرح کی سختی نہیں۔"

ایسی صورت حال میں ان اسباب و ذرائع کی رعایت کس حد تک رکھی جائے گی؟

اس سلسلے میں علامہ ابن قیم (م ۷۵۱ھ) کی یہ رائے نہایت اہمیت کی حامل ہے:

لما كانت المقاصد لايتوصل إليها إلا بأسباب وطرق تفضي إليها كانت طرقها وأسبابها تابعة لها معتبرة بها فوسائل المحرمات والمعاصي في كراهتها والمنع منا بحسب إفضائها الى غاياتها وارتباطاتها بها

"اگر مقاصد ایسے ہوں جن تک صرف اسباب و ذرائع سے رسائی ہوتی ہو اور وہ ان مقاصد تک پہنچاتے ہو تو ان مقاصد تک پہنچنے کے ذرائع اور اسباب ان کے تابع ہوں گے اور وہ انہیں کے سبب سے معتبر ہوں گے۔ حرام چیزوں اور معاصی تک پہنچانے والے وسائل مکروہ یا ممنوع ہوں گے کیونکہ وہ اس حرام مقصد تک لے جاتے ہیں اور اس مقصد کے ساتھ مربوط ہیں۔"

مندرجہ بالا حوالہ سے دو باتیں واضح طور پر سامنے آئیں۔

☆ اسباب اور ذرائع "مقاصد" کے تابع ہیں، جس درجہ کا وہ "مقصد" ہو گا، اسباب اور ذرائع پر حکم بھی اس درجہ کا لگے گا۔

☆ حرام چیزوں اور معاصی تک پہچانے والے اسباب اور ذرائع، ممنوع ہوں گے اس لیے کہ وہ حرام مقصد تک لے جاتے ہیں۔

انسداد فواحش کے لیے شریعت کے مزید اقدامات

"فواحش" کو روکنے کے لیے شریعت نے صرف اتنا نہیں کیا کہ اسے قانوناً جرم قرار دیا اور اس کے لیے ایک سزا مقرر کی بلکہ اس کے ساتھ چند ایسی تدابیر کیں کہ سلیم الفطرت انسان نہ صرف فواحش سے متنفر ہو کر اسے قابل عیب سمجھتے ہوئے دور رہے بلکہ معاشرتی طور پر ایسے اسباب جو، ان فواحش کی طرف رغبت دلاتے ہیں، ان پر پابندی کے ساتھ ان فواحش کے قریب جانے والے راستوں پر رکاوٹیں ڈال دیں۔

غض بصر

"بد نظری" تمام فواحش کی بنیاد ہے، اسلام نے اس راستہ کو پہلے بند کیا ہے۔ انسان کے لیے نقصان دہ چیز "نگاہ" کا غلط استعمال ہے اس لیے قران و حدیث دونوں سب سے پہلے اس کی گرفت کرتے ہیں۔

ارشاد باری تعالیٰ ہے:

(قُلْ لِّلْمُؤْمِنِيْنَ يَغُضُّوْا مِنْ اَبْصَارِهِمْ وَيَحْفَظُوْا فُرُوْجَهُمْ ۚ ذٰلِكَ اَزْكٰى لَهُمْ ۚ اِنَّ اللّٰهَ خَبِيْرٌۢ بِمَا يَصْنَعُوْنَ)

"ایمان والوں سے کہہ دو کہ وہ اپنی نگاہ نیچی رکھا کریں اور اپنی شرم گاہوں کو بھی محفوظ رکھیں یہ ان کے لیے بہت پاکیزہ ہے بیشک اللہ جانتا ہے جو وہ کرتے ہیں۔"

اور اسی طرح عورتوں کو بھی غض بصر کا حکم دیا گیا ہے۔

ارشاد باری تعالیٰ ہے:

(وَ قُلْ لِّلْمُؤْمِنٰتِ یَغْضُضْنَ مِنْ اَبْصَارِهِنَّ وَیَحْفَظْنَ فُرُوْجَهُنَّ)

"اور ایمان والیوں سے کہہ دو کہ اپنی نگاہ نیچی رکھیں اور اپنی عصمت کی حفاظت کریں۔"

حقیقت یہ ہے کہ "بد نظری" ہی "بدکاری" کے راستے کی پہلی سیڑھی ہے۔ اسی وجہ سے ان آیات میں نظروں کی حفاظت کے حکم کو "حفاظتِ فرج" کے حکم پر مقدم رکھا گیا ہے۔

"غض بصر" کا حکم ہر مسلمان مرد و عورت کے لیے لازم ہے۔ نگاہ نیچی رکھنا فطرت اور حکمت الٰہی کے تقاضے کے مطابق ہے۔ اس لیے کہ عورتوں کی محبت اور دل میں ان کی طرف خواہش فطرت کا تقاضا ہے۔

ارشاد ربانی ہے:

(زُیِّنَ لِلنَّاسِ حُبُّ الشَّهَوٰتِ مِنَ النِّسَآءِ)

"لوگوں کو مرغوب چیزوں کی محبت نے فریفتہ کیا ہوا ہے جیسے عورتیں۔"

آنکھوں کی بے باکی اور ان کی آزادی خواہشات میں انتشار پیدا کرتی ہے۔

حضرت جریر بن عبد اللہ البجلیؓ کہتے ہیں میں نے حضور اکرم ﷺ سے سوال کیا کہ "اچانک" نظر پڑ جائے تو کیا کروں؟ آپ ﷺ نے مجھے حکم دیا:

((أَنْ أَصْرِفَ بَصَرِي))

"میں اپنی نظر پھیر لوں."

مردوں کے لیے عورتوں کی طرف نظر کرنا ائمہ ثلاثہ کے ہاں جائز نہیں ہے، فتنہ کا

خوف ہو یا نہ ہو، جب کہ متقدمین حنفیہ کے ہاں اگر فتنہ کا اندیشہ نہ ہو تو پھر عورت کے چہرے کی طرف نظر کرنا جائز ہے۔ اور عورت کا مرد کی طرف نظر کرنا اس سلسلے میں اہل علم کا اختلاف ہے۔

اس مسئلہ میں تو تمام اہل علم کا اتفاق ہے کہ "شہوت" کے ساتھ عورت کا مرد کو دیکھنا حرام ہے۔

چنانچہ امام نوویؒ (٦٧٦ھ) لکھتے ہیں:

وأما نظر المرأة إلى وجه الرجل الأجنبي فإن كان بشهوة فحرام بالاتفاق

"اور بہر حال عورت کا اجنبی مرد کے چہرے کو دیکھنا اگر شہوت سے ہو تو بالاتفاق یہ دیکھنا حرام ہے۔"

اور بلاشہوت عورت کے دیکھنے پر ائمہ کے درمیان اختلاف ہے۔ حنفیہ و مالکیہ و حنابلہ کے نزدیک "شہوت" کے بغیر عورت کا اجنبی مرد کو دیکھنا جائز ہے۔ جب کہ حضرات شوافع کے نزدیک بلاضرورت اجنبیہ کے لیے غیر محرم کو دیکھنا جائز نہیں ہے۔

الغرض آنکھوں کا فتنہ مہلک اور بہت سارے فتنوں اور آفتوں کا بنیادی سبب ہے۔ نگاہوں کو نیچا رکھنا، ان کی حفاظت کرنا، اسلام میں اس کی بڑی اہمیت ہے کیونکہ دل میں تمام قسم کے خیالات و تصورات اور اچھے بُرے جذبات کا برانگیختہ و محرک ہونا اسی کے تابع ہے۔ اسی لیے شریعت نے انسداد فواحش کے لیے حفظ ماتقدم کے طور پر جن بہت سی باتوں کا حکم دیا ہے ان میں "غض بصر" بھی ہے۔

غیر محرم سے خلوت اور لمس کی ممانعت

شریعت مطہرہ نے غیر محرم عورت کے ساتھ تنہائی میں بیٹھنے سے منع کیا ہے۔

حدیث میں ہے:

((اَلَا لَا يَخْلُوَنَّ رَجُلٌ بِامْرَأَةٍ إِلَّا كَانَ ثَالِثُهُمَا الشَّيْطَانُ))

"خبر دار کوئی شخص کسی عورت کے ساتھ خلوت نہ کرے اس لئے کہ ان میں تیسرا شیطان ہوتا ہے۔"

نمائش حسن پر پابندی

عورت کا حسن و جمال اور زیب و زینت کی نمائش، بے باکانہ چھل پہل مردوں کے جذبات میں شورش اور دل و دماغ میں غلط قسم کی سوچیں پیدا کرتی ہے، جس سے وہ غلط راستوں کی طرف جا نکلتا ہے۔ تو شریعت نے اس کے لیے "تبرج جاہلیت" کی اصطلاح استعمال کرتے ہوئے پابندی لگائی۔

ارشاد ربانی ہے:

(وَقَرْنَ فِي بُيُوتِكُنَّ وَلَا تَبَرَّجْنَ تَبَرُّجَ الْجَاهِلِيَّةِ الْأُولَىٰ)

"اور اپنے گھروں میں بیٹھی رہو اور گزشتہ زمانہ جاہلیت کی طرح بناؤ سنگھار دکھاتی نہ پھرو۔"

شیریں لہجے میں بات کرنے کی ممانعت

یہ ایک مسلمہ حقیقت ہے کہ عورت کی آواز میں بھی نسوانی حسن اور دلربائی کا وصف خالق و فاطر کی طرف سے ودیعت کیا گیا ہے۔ اس کی آواز میں نزاکت اور حلاوت ہوتی ہے جس میں جاذبیت اور کشش کا عنصر شامل ہے۔ لیکن یہی گفتگو کا شیریں اور لوچ دار انداز بہت سے فتنوں کا ذریعہ بنتا ہے، جس سے لوگوں کے دل میں میلان پیدا ہو سکتا

ہے۔اس راستے کو بھی بند کرتے ہوئے اسلام نے حکم دیا ہے کہ اگر کسی اجنبی مرد بوقت ضرورت بات چیت کرنے کی نوبت آئے تو گفتگو میں لوچ اور لہجہ میں شیرینی نہ پیدا ہونے پائے۔ تاکہ کسی بد طینت کو شرارت کا موقع نہ ملے اور جس کے دل میں کوئی مرض ہے وہ وہ کوئی غلط توقع نہ لگا سکے۔

ارشاد ربانی ہے:

(فَلَا تَخْضَعْنَ بِالْقَوْلِ فَيَطْمَعَ الَّذِيْ فِيْ قَلْبِهٖ مَرَضٌ)

"پس تم (کسی نامحرم سے بوقت ضرورت) بات کرنے میں کسی لچک (اور نرمی) سے کام نہ لو کہ کہیں لالچ میں پڑ جائے کوئی ایسا شخص جس کے دل میں روگ ہو"

واضح رہے کہ عورت کی آواز "ستر" میں داخل نہیں، اور بوقت ضرورت اجنبیوں سے گفت و شنید ہو سکتی ہے۔ تاہم لوچ دار گفتگو پر پابندی احتیاط کے طور پر لگائی گئی ہے اور اس کی رعایت تمام عبادات اور احکام میں رکھی گئی ہے کہ عورتوں کا کلام جہری نہ ہو جو مرد سنیں۔

دوران نماز امام اگر بھول جائے تو اس کو احساس دلانے کے لیے مردوں کو "تسبیح" کا حکم ہے، مگر عورتوں کو زبان سے "کلمات تسبیح" نکالنے کی بجائے "تصفیق" کی تعلیم دی گئی ہے کہ اپنے کی ہاتھ پشت پر دوسرا ہاتھ مار کر تالی بجادیں جس سے امام متنبہ ہو جائے۔

عورت کے لیے زمین پر پاؤں مار کر چلنے کی ممانعت

عورت کے زمین پر پاؤں مار کر چلنے سے اس کے زیورات وغیرہ کی کھنک دوسرے مردوں کو متوجہ کر سکتی ہے شریعت نے اس سے بھی منع کیا۔

(وَلَا يَضْرِبْنَ بِاَرْجُلِهِنَّ لِيُعْلَمَ مَا يُخْفِيْنَ مِنْ زِيْنَتِهِنَّ)

" اور وہ زمین پر اس طرح زور سے پاؤں مارتی ہوئی نہ چلا کریں کہ اپنی جو زینت انہوں نے چھپا رکھی ہو وہ ظاہر ہونے لگے۔"

خوشبو لگا کر نکلنے پر پابندی

"خوش بو" بھی دوسروں کو متوجہ اور مخاطب کرنے کا ذریعہ ہے شریعت اسلامیہ اتنی حساس ہے کہ اس کی طبع نازک پر یہ بات بھی ناگوار گزرتی ہے کہ کوئی عورت اپنے لباس کو "خوش بو" میں بسا کر اس طرح گزرے کہ لوگوں کو اس کی گزر کا علم ہو اور ان کے جذبات میں تحریک پیدا ہو۔ چنانچہ مردوں کی مجلس میں عورتوں کو خوشبو لگانے کر گزرنے سے بڑی سختی سے منع کیا گیا ہے۔ مسجد میں نماز کے لیے آنے والیوں پر بھی خوشبو کے استعمال پر پابندی لگائی گئی۔

بلکہ ایک موقع پر رسول اللہ ﷺ نے مرد و عورت کی خوشبو کے متعلق ایک بڑا اہم فرق بیان کیا۔

((وَاِنَّ طِیبَ الرِّجَالِ مَا ظَھَرَ رِیحُہُ وَلَمْ یَظْھَرْ لَوْنُہُ اَلَا اِنَّ طِیبَ النِّسَائِ مَا ظَھَرَ لَوْنُہُ وَلَمْ یَظْھَرْ رِیحُہُ))

"بے شک مردوں کی خوشبو (اچھی) وہ ہے جس کی بو ہو لیکن اس کا رنگ معلوم نہ ہو اور عورتوں کی خوشبو وہ ہے جس کا رنگ دکھائی دے لیکن اس کی خوش بو معلوم نہ ہو۔"

شرم و حیاء

اسلام نے ہر قسم کے فواحش و منکرات کا خاتمہ کرتے ہوئے نہایت حکیمانہ انداز

میں معاشرے کی بنیادیں شرم وحیا کے مقدس گارے سے اٹھائیں۔

حیااور پاک دامنی کا چولی دامن کا ساتھ ہے کیونکہ "حیا" ان فحش امور اور منکرات کے انجام دینے میں "سد راہ" بنتی ہے جو انسان کے دامن عفت کو داغ دار کرتی ہیں۔ اور اچھے و پسندیدہ کاموں پر آمادہ کرتی ہے۔

امام راغب (م ۵۰۲ھ) لکھتے ہیں:

الحیاء انقباض النفس عن القبائح وترکہ لذلک

"قبیح چیزوں سے نفس کے انقباض کرنے اور اس بناء پر انہیں چھوڑ دینے کا نام حیا ہے۔"

"حیا" سے مراد وہ جھجک یا نفسیاتی رکاوٹ نہیں ہے جس کا باعث عام طور پر ہمارا خارج ہوتا ہے، بلکہ "حیا" انسان کے اندر پائی جانے والی وہ خوبی یا صفت ہے جس کی وجہ سے وہ غیر معروف اعمال سر انجام دینے میں انقباض (گھٹن) محسوس کرتا ہے۔

حیا ایمان کا ایک شعبہ اور عرب لوگوں کی وہ عادت حمیدہ ہے جس کو اسلام نے آکر اور مضبوط کر دیا اور اس کی طرف لوگوں کو بلایا۔

جاہلیت کا شاعر عنترہ عبسی کہتا ہے۔

وأغضّ طرفي مابدت لي جارتي

حتی یواری جارتي مأواها

ترجمہ:

جب میری پڑوسن ظاہر ہوتی ہے تو میں آنکھ بند کر لیتا ہوں

یہاں تک کہ اس کا ٹھکانا اس کو چھپا لیتا ہے

حضرت آدمؑ و حضرت حواء سے غلطی سرزد ہو جانے کے نتیجے میں جب ان پر ان کا ستر عیاں ہوا تو وہ اسی فطری "حیا" ہی کی وجہ سے خود کو پتوں سے ڈھانکنے لگے۔

ارشاد باری تعالیٰ ہے:

(فَلَمَّا ذَاقَا الشَّجَرَةَ بَدَتْ لَهُمَا سَوْاٰتُهُمَا وَطَفِقَا يَخْصِفٰنِ عَلَيْهِمَا مِنْ وَّرَقِ الْجَنَّةِ)

"پھر جب ان دونوں نے درخت کو چکھا تو ان پر ان کی شرم گاہیں کھل گئیں اور اپنے اوپر جنت کے پتے جوڑنے لگے۔"

شرم گاہوں کو چھپانے کا یہ اضطراری عمل اس فطری حیا ہی کا ظہور تھا، اس لیے کہ انسان فطری طور پر یہ جانتا ہے کہ شرم گاہیں چھپانے کی چیز ہیں۔

حضرت موسیٰ علیہ السلام نے مدین کے کنویں پر جن دو لڑکیوں کی بکریوں کو پانی پلایا تھا، ان میں سے ایک جب انھیں اپنے باپ کے پاس لے جانے کے لیے بلانے آئی تو اس وقت اس کے آنے میں "حیا" کی جو صفت نمایاں تھی۔

قرآن مجید نے درج ذیل الفاظ میں اس کا ذکر کیا ہے:

(اِحْدٰىهُمَا تَمْشِيْ عَلَي اسْـتِحْيَاۗءٍ ۡ قَالَتْ اِنَّ اَبِيْ يَدْعُوْكَ لِيَجْزِيَكَ اَجْرَ مَا سَقَيْتَ لَنَا)

"پس ان میں سے ایک شرماتی ہوئی آئی، کہا کہ میرے والد آپ کو بلاتے ہیں تا کہ جو پانی آپ نے ہماری خاطر پلایا ہے، اس کا آپ کو صلہ دیں۔"

قرآن کریم نے یہاں ایک کنواری عورت کی اس فطری "حیا" کا ذکر کیا ہے جو اسے کسی غیر محرم مرد سے بات کرتے ہوئے محسوس ہو سکتی ہے۔ اسی طرح ایک کریم النفس آدمی دوسرے کی عزت نفس کا خیال کرتے ہوئے بعض اوقات اس سے اپنا حق وصول کرنے میں بھی "حیا" محسوس کرتا ہے۔

قرآن مجید میں ہے:

(وَلٰكِنْ اِذَا دُعِيْتُمْ فَادْخُلُوْا فَاِذَا طَعِمْتُمْ فَانْتَشِرُوْا وَلَا مُسْـتَاْنِسِيْنَ لِحَدِيْثٍ ۭ اِنَّ ذٰلِكُمْ

كَانَ يُؤْذِي النَّبِيَّ فَيَسْتَحْيِي مِنكُمْ وَاللّٰهُ لَا يَسْتَحْيِي مِنَ الْحَقِّ)

"لیکن جب تمہیں بلایا جائے تب داخل ہو پھر جب تم کھا چکو تو اٹھ کر چلے جاؤ اور باتوں کے لیے جم کر نہ بیٹھو کیونکہ اس سے نبی کو تکلیف پہنچتی ہے اور وہ تم سے شرم کرتا ہے اور حق بات کہنے سے اللہ شرم نہیں کرتا۔"

یہ شرمانا دراصل دوسرے کی عزت نفس کا خیال کرتے ہوئے اس کا لحاظ کرنا ہے ۔چنانچہ اس حوالے سے بھی ایک کریم النفس آدمی کئی جگہوں پر شرم محسوس کرتا ہے ۔اللہ تعالیٰ انسان کا خالق و مالک و معبود ہے، چنانچہ وہ ان تمام باتوں سے بالاتر ہے کہ کسی انسان کی عزت نفس اسے اپنا یا کسی دوسرے کا حق بیان کرنے سے روک دے۔

اسلام میں "حیا" بڑی قدر کی حیثیت رکھتا ہے۔

چنانچہ نبی کریم ﷺ نے اپنے بے شمار ارشادات عالیہ میں "حیا" کی اہمیت کو بیان کیا ہے۔

نبی کریم صلی اللہ علیہ وسلم نے فرمایا:

((اَلْاِيمَانُ بِضْعٌ وَسِتُّونَ شُعْبَةً وَالْحَيَاءُ شُعْبَةٌ مِنَ الْاِيمَانِ))

"ایمان کی ساٹھ سے کچھ اوپر شاخیں ہیں اور حیا ایمان کی ایک شاخ ہے۔"

نیز آپ ﷺ نے فرمایا:

((اَلْحَيَاءُ كُلُّهُ خَيْرٌ))

"حیا تو خیر ہی خیر ہے۔"

حضور اکرم ﷺ نے ارشاد فرمایا:

((مَاكَانَ الْفُحْشُ فِي شَيْءٍ اِلَّا شَانَهُ وَمَاكَانَ الْحَيَاءُ فِي شَيْءٍ اِلَّا زَانَهُ))

"بے حیائی جس چیز میں آتی ہے اسے عیب دار بناتی ہے اور حیا جس چیز میں آتی ہے

اسے مزین کر دیتا ہے۔"

بہر کیف شریعت اسلامیہ نے شرم و حیاء کی بہت تلقین کی ہے اگر خدا نخواستہ کسی معاشرے میں شرم و حیاء اٹھ جائے تو پھر معاشرہ ایسے فساد میں مبتلا ہو جائے گا جو ختم نہیں ہو گا اور ایسا بگاڑ پیدا ہو گا جس کی اصلاح بہت مشکل ہو گی۔

احکام حجاب

شریعت اسلامیہ میں عورتوں کے لیے "حجاب" کے احکامات بھی "انسداد فواحش" کے لیے ہیں۔ قرآن کریم میں حجاب نسواں اور اس کی تفصیلات کے متعلق سات آیات نازل ہوئی ہیں۔ تین سورہ نور میں اور چار سورہ احزاب میں ہیں۔ "حجاب" کا حکم نبی کریم ﷺ کی حضرت زینب بنت جحشؓ کے ساتھ شادی کے بعد نازل ہوا۔

اس پر سب کا اتفاق ہے کہ حجاب کے متعلق سب سے پہلے نازل ہونے والی یہی آیت ہے جس کو آیت حجاب کہا جاتا ہے۔

آیت حجاب یہ ہے:

(يَا أَيُّهَا الَّذِينَ آمَنُوا لَا تَدْخُلُوا بُيُوتَ النَّبِيِّ إِلَّا أَنْ يُؤْذَنَ لَكُمْ إِلَىٰ طَعَامٍ غَيْرَ نَاظِرِينَ إِنَاهُ وَلَٰكِنْ إِذَا دُعِيتُمْ فَادْخُلُوا فَإِذَا طَعِمْتُمْ فَانْتَشِرُوا وَلَا مُسْتَأْنِسِينَ لِحَدِيثٍ ۚ إِنَّ ذَٰلِكُمْ كَانَ يُؤْذِي النَّبِيَّ فَيَسْتَحْيِي مِنْكُمْ ۖ وَاللَّهُ لَا يَسْتَحْيِي مِنَ الْحَقِّ ۚ وَإِذَا سَأَلْتُمُوهُنَّ مَتَاعًا فَاسْأَلُوهُنَّ مِنْ وَرَاءِ حِجَابٍ ۚ ذَٰلِكُمْ أَطْهَرُ لِقُلُوبِكُمْ وَقُلُوبِهِنَّ ۚ وَمَا كَانَ لَكُمْ أَنْ تُؤْذُوا رَسُولَ اللَّهِ وَلَا أَنْ تَنْكِحُوا أَزْوَاجَهُ مِنْ بَعْدِهِ أَبَدًا ۚ إِنَّ ذَٰلِكُمْ كَانَ عِنْدَ اللَّهِ عَظِيمًا)

"اے ایمان والو! نبی کے گھروں میں داخل نہ ہو مگر اس وقت کہ تمہیں کھانے کے لئے اجازت دی جائے نہ اس کی تیاری کا انتظام کرتے ہوئے لیکن جب تمہیں بلایا جائے تب داخل ہو پھر جب تم کھا چکو تو اٹھ کر چلے جاؤ اور باتوں کے لیے جم کر نہ بیٹھو کیونکہ اس

سے نبی کو تکلیف پہنچتی ہے اور وہ تم سے شرم کرتا ہے اور حق بات کہنے سے اللہ شرم نہیں کرتا اور جب نبی کی بیویوں سے کوئی چیز مانگو تو پردہ کے باہر سے مانگا کرو اس میں تمہارے اور ان کے دلوں کے لیے بہت پاکیزگی ہے اور تمہارے لیے جائز نہیں کہ تم رسول اللہ کو ایذا دو اور نہ یہ کہ تم اپ کی بیویوں سے آپ کے بعد کبھی بھی نکاح کرو بیشک یہ اللہ کے نزدیک بڑا گناہ ہے۔"

اس آیت کے شان نزول کے بارے میں حضرت امام بخاریؒ نے دو، روایتیں نقل کی ہیں۔

پہلی روایت حضرت عمرؓ کے حوالہ سے ہے۔

((قَالَ عُمَرُ رَضِيَ اللّٰهُ عَنْهُ قُلْتُ يَا رَسُولَ اللّٰهِ يَدْخُلُ عَلَيْكَ الْبَرُّ وَالْفَاجِرُ فَلَوْ أَمَرْتَ أُمَّهَاتِ الْمُؤْمِنِينَ بِالْحِجَابِ فَأَنْزَلَ اللّٰهُ آيَةَ الْحِجَابِ))

"حضرت عمرؓ کہتے ہیں میں نے نبی کریم ﷺ سے عرض کیا، آپ ﷺ کے پاس تو ہر طرح کے لوگ آتے جاتے ہیں لہذا اگر آپ اپنی بیویوں کو پردہ کا حکم دیں تو بہت اچھا ہو اس وقت اللہ تعالیٰ نے آیت حجاب نازل فرمائی۔"

چنانچہ حضرت عمرؓ کا یہ "قول" بھی بخاری شریف میں موجود ہے۔

"میں نے اپنے پروردگار سے تین باتوں میں موافقت کی (ایک مرتبہ) میں نے کہا کہ یارسول اللہ صلی اللہ علیہ وسلم کاش! ہم مقام ابراہیم کو مصلی بناتے، پس اس پر یہ نازل ہوا (وَاتَّخِذُوا مِنْ مَقَامِ إِبْرَاهِيمَ مُصَلًّى) اور حجاب کی آیت بھی میری خواہش کے مطابق نازل ہوئی کیونکہ میں نے عرض کیا یارسول اللہ صلی اللہ علیہ وسلم کاش آپ اپنی بیویوں کو پردہ کرنے کا حکم دیں، اس لئے کہ ان سے ہر نیک وبد گفتگو کرتا ہے، پس حجاب کی آیت نازل ہوئی اور ایک مرتبہ نبی صلی اللہ علیہ و آلہ وسلم کی بیویاں آپ پر باہمی غیرت و

رشک میں آ کر جمع ہوئیں، تو میں نے ان سے کہا کہ اگر آپ ﷺ تمہیں طلاق دے دیں تو بعید نہیں کہ اللہ آپ ﷺ کو تم سے بہتر ازواج عطا فرما دیں، تب (انہی الفاظ کے ساتھ) یہ آیت نازل ہوئی۔"

دوسری روایت امام بخاریؒ نے حضرت انسؓ کی ذکر کی ہے۔

"انسؓ کہتے ہیں کہ پردہ کی آیت نازل ہونے کے متعلق میں لوگوں میں سب سے زیادہ جانتا ہوں، ابن ابی کعبؓ مجھ ہی سے پوچھتے تھے، رسول اللہ ﷺ کی شادی زینب بنت ابی جحشؓ سے نئی ہوئی تھی اور ان سے نکاح مدینہ ہی میں کیا تھا، دن چڑھنے کے بعد لوگوں کو کھانے کیلئے مدعو کیا، رسول اللہ ﷺ بیٹھ گئے اور آپ ﷺ کے ساتھ لوگ بھی بیٹھ گئے، جب کچھ لوگ کھا کر فارغ ہوئے اور رسول اللہ ﷺ بھی کھا کر فارغ ہوئے اور چلنے لگے تو ہم بھی آپ کے ساتھ چلے، یہاں تک کہ حضرت عائشہ رضی اللہ عنہا کے حجرہ کے دروازہ پر پہنچ گئے تو خیال کیا کہ لوگ چلے گئے ہوں گے، میں بھی آپ کے ساتھ واپس ہوا تو دیکھا کہ وہ لوگ اپنی جگہ پر بیٹھے ہوئے ہیں، پھر آپ ﷺ واپس ہوئے، آپ کے ساتھ دوسری مرتبہ واپس ہوا یہاں تک کہ حضرت عائشہؓ کے حجرہ کے دروازے پر پہنچے پھر آپ واپس ہوئے، میں بھی آپ ﷺ کے ساتھ واپس آیا تو دیکھا کہ لوگ چلے گئے ہیں، آپ ﷺ نے میرے اور اپنے درمیان پردہ ڈال دیا، اسی وقت حجاب کی آیت نازل ہوئی۔"

آیات حجاب کے نزول اسباب میں یہی دو روایتیں امام بخاریؒ نے ذکر کی ہیں ان میں کوئی تعارض نہیں ہے۔ اس لیے کہ حضرت عمرؓ کی جو تمنا (حکم حجاب) تھی اللہ تعالیٰ نے اس کو رسول اللہ ﷺ کے حضرت زینبؓ کے ساتھ نکاح کے بعد نازل فرمایا اور حضرت انسؓ اس موقعہ پر موجود تھے ان کا یہ کہنا کہ میں ان آیات کے بارے میں دوسروں سے

زیادہ جانتا ہوں بالکل درست ہے۔

قرآن مجید کی سورہ نور اور سورہ احزاب میں "حجاب" کی اہمیت اور مسائل کو واضح کر دیا گیا ہے اسی ضمن میں صدر اول کا اسلامی معاشرہ اپنے مدنی دور میں "لباس" اور "حجاب" کے اسلامی احکام کی پابندی کی وہ قابل تقلید مثالیں پیش کرتا ہے کہ جن کی نظیر چشم فلک نے نہ دیکھی اور ان کے مطالعے سے اندازہ ہوتا ہے کہ اسلام میں عورتوں کی عزت وعصمت اور عفت و ناموس کی نگہداشت کو کتنی زبردست اہمیت حاصل ہے۔

انسانی معاشرتی زندگی میں "حجاب" خاص اہمیت کا حامل ہے۔ اسلام نے معاشرے کا ذوق تبدیل کیا اور لوگوں کے "جمالی احساسات" کو بدلا، اسلام کے ماننے والوں کے لئے حسن و جمال کی تمام حیوانی ادائیں مطلوب و مستحسن نہیں، بلکہ اسلام حسن و جمال کا ایک مہذب رنگ ڈھنگ اور معیار قائم کرتا ہے، جس میں ہر طرح کی عریانی سے بچا جاتا ہے اور سنجیدگی، وقار اور پاکیزہ جمال کا ذوق پیدا کرتا ہے جو انسان کے اور ایک اہل ایمان کے لائق ہوتا ہے۔

اسلام ایک سچی مومنہ عورت کی تربیت اس انداز سے کرتا ہے کہ وہ نہ صرف اپنے حسن و جمال کا درست طریقے سے استعمال کرسکے بلکہ اپنی تمام معاشی، معاشرتی ضرورتوں کے ساتھ ساتھ اپنی فطری جبلی ضرورتوں اور تقاضوں کو بھی فطرت کے عین مطابق پورا کرسکے۔ مرد اور عورت میں ایک دوسرے کے لئے کشش ایک فطری امر ہے اور یہ انسان میں تخلیقی طور پر ودیعت کی گئی ہے، کیونکہ انسان کو اس زمین پر اپنے منصب خلافت کی ذمہ داریوں کو پورا کرنا ہے اور اس زندگی کا بڑا اور اہم مقصد زمین پر زندگی کے تسلسل کو قائم رکھنا ہے، اس لیے یہ کشش دائمی ہے اور یہ کشش ہی انسان کو ایک دوسرے کے قریب لاتی ہے، عورت اور مرد کے ملاپ سے ایک خاندان اور ایک گھرانہ

کی تشکیل ہوتی ہے۔

اسلام نے عورت کے حسن و جمال اور اس کی زیب و زینت کو اس کے شوہر کی دل بستگی اور توجہ کے لئے محدود کر دیا ہے۔ تاکہ وہ اپنی ساری توجہ اپنی بیوی کی طرف مرکوز رکھے اور اس کی عورت غیروں کی ہوس ناک نظروں سے محفوظ و مامون رہے۔ اللہ تعالیٰ نے شوہر اور بیوی کو ایک دوسرے کا لباس قرار دیا ہے۔

یہ ایک حقیقت ہے کہ عورت کی جسمانی ساخت میں نزاکت اور کشش مردوں کے مقابلے میں کہیں زیادہ ہے جو بہت سے فتنوں کا سبب اور ذریعہ بن سکتی ہے اور خاص طور پر جب عورت بے حجاب ہو تو پھر شیطانی خیالات اور برے وسواس جنم لینا شروع کرتے ہیں۔

جیسا کہ حدیث میں ہے:

((إِنَّ الْمَرْأَةَ تُقْبِلُ فِي صُورَةِ شَيْطَانٍ وَتُدْبِرُ فِي صُورَةِ شَيْطَانٍ فَإِذَا أَبْصَرَ أَحَدُكُمْ امْرَأَةً فَلْيَأْتِ أَهْلَهُ فَإِنَّ ذَلِكَ يَرُدُّ مَا فِي نَفْسِهِ))

"عورت شیطان کی شکل میں سامنے آتی ہے اور شیطانی صورت میں پیٹھ پھیرتی ہے پس جب تم میں سے کوئی کسی عورت کو دیکھے تو اپنی بیوی کے پاس آئے اس سے جو خیال دل میں آیا تھا وہ لوٹ جائے گا۔"

انسداد فواحش کے لیے اگر "علی الاطلاق عورتوں کے باہر نکلنے پر پابندی لگا دی جاتی" تو بہت سارے مسائل اور مشکلات کا سامنا کرنا پڑتا۔

اس کی ایک عام سی مثال "طب" کی لے لیں، کہ اگر عورتوں کو گھروں میں ہی بند کر دیا جائے اور وہ معاشرے سے بالکل کٹ جائیں، ہر قسم کی تعلیم سے دور رہیں، تو "نسوانی بیماریوں" بالخصوص "اعضائے مستورہ" کے علاج کے لیے مردوں تک رسائی

حاصل کی جاتی جس میں مفاسد زیادہ ہیں اور اگر یہی "علم" عورتوں کے پاس ہو تو خواتین بلا تکلف ان سے اپنے مسائل بیان کریں اور علاج کروائیں۔ وغیر ذالک

اسلام نے چونکہ تا قیامت رہنمائی کرنی ہے اس لیے اس کی تعلیمات حکیمانہ ہونے کے ساتھ زمانے کے تقاضوں کو بھی پورا کرتی ہیں، چونکہ اس امت کے بعد اور امت نہیں آنی اور تا قیامت آنے والی انسانیت، امت محمدی میں سے ہی ہو گی، اس عرصے میں علم و تحقیق بھی اپنے اوج کمال کو پہنچے گا اور اس ترقی اور تعلیم و تحقیق کی دوڑ میں خواتین بھی شریک ہو سکتی ہیں اس لیے اسلام نے ان کے گھروں سے باہر نکلنے پر "بالکلیہ" پابندی عائد نہیں کہ بلکہ کچھ "شرائط" کے ساتھ ان کو بوقت ضرورت گھر سے باہر آنے کی اجازت دی ہے۔

ان میں ایک اہم شرط "حجاب" ہے تاکہ بری سوچ رکھنے والے افراد ان "حجاب" والی خواتین کو دیکھ کر پہچان جائیں کہ یہ شریف اور عفیفہ عورتیں ہیں۔ اور منفی سوچ سے بچیں اور ان کے بارے میں غلط تاثر قائم کر کے ستانے کی یا اخلاق سے گری حرکت کرنے کی جرات نہ کر سکیں اور فواحش سے دور رہیں۔

ارشاد باری تعالیٰ ہے:

(يٰاَيُّهَا النَّبِيُّ قُلْ لِّاَزْوَاجِكَ وَبَنٰتِكَ وَنِسَآءِ الْمُؤْمِنِيْنَ يُدْنِيْنَ عَلَيْهِنَّ مِنْ جَلَابِيْبِهِنَّ ۭ ذٰلِكَ اَدْنٰٓى اَنْ يُّعْرَفْنَ فَلَا يُؤْذَيْنَ ۭ)

"اے نبی! اپنی بیویوں سے اور اپنی بیٹیوں سے اور مسلمانوں کی عورتوں سے کہہ دیجئے کہ وہ اپنے اوپر چادریں لٹکایا کریں۔ اس سے بہت جلد ان کی شناخت ہو جایا کرے گی پھر نہ ستائی جائیں گی۔"

واضح رہے کہ:

(ذٰلِکَ اَدۡنٰۤی اَنۡ یُّعۡرَفۡنَ فَلَا یُؤۡذَیۡنَ)

"اس سے بہت جلد ان کی شناخت ہو جایا کرے گی پھر ستائی نہ جائیں گی"

سے یہ استدلال نہیں کیا جاسکتا کہ ان منافقین کی ایذارسانیوں سے بچنے کے لیے یہ ایک وقتی تدبیر اور عارضی حکم تھا جس کی اب ضرورت نہیں رہی۔

چنانچہ مولانا امین حسن اصلاحیؒ (م ۱۹۹۷ء) لکھتے ہیں:

"اس زمانہ نزول کو دلیل ٹھہرا کر اگر کوئی شخص یہ کہے "کہ یہ حکم ایک فتنہ کے زمانہ میں ایک عارضی واحتیاطی تدبیر کے طور پر دیا گیا تھا جو فتنہ کا زمانہ گزر جانے کے بعد باقی نہیں رہا" تو یہ سمجھنا مختلف پہلوؤں سے غلط ہو گا۔

اولاً: قرآن مجید کے جتنے احکام بھی نازل ہوئے ہیں سب ضرورت اور حالات کے تقاضے پر نازل ہوئے ہیں۔اس لیے اگر یہ اصول مان لیا جائے کہ تمام احکام انہی ضروریات و حالات کے تابع ہیں جو ان کے نزول کے وقت موجود تھے، ان کے بدل جانے کے بعد وہ احکام و قوانین آپ سے آپ ہی بدل جائیں گے، تو اس کا نتیجہ یہ ہو گا کہ قرآن کا بیشتر حصہ بالکل بے مصرف ہو کے رہ جائے گا۔

ثانیاً: پردہ کے یہ احکام آنحضرت ﷺ کے بعد ان زمانوں میں بھی بدستور قائم رہے جس زمانہ میں منافقین کا کوئی وجود باقی نہیں رہا تھا اور مدینہ کی سوسائٹی اشرار اور مفسدین سے بالکل پاک ہو چکی تھی اس زمانہ میں نہ صرف پردہ کا حکم باقی رہا، بلکہ عورتوں کو بعض آزادیاں، جو منافقین کی موجودگی کے زمانہ میں حاصل تھیں، مثلاً مسجدوں کی حاضری کی آزادی، ان کے متعلق حضرت عائشہؓ فرماتی ہیں کہ اب عورتوں کے حالات میں جو تغیر ہو گیا ہے اگر آنحضرت ﷺ اس کو دیکھتے تو ان کو مسجدوں کی حاضری سے روک دیتے۔

ثالثاً: یہ حکم جس زمانہ میں نازل ہوا ہے اس زمانہ میں مدینہ کی سوسائٹی ان منافقین کے باوجود صالح ترین سوسائٹی تھی، ایسی صالح کہ ایسی صالح سوسائٹی چشم فلک نے شاید ہی کبھی دیکھی ہو، اس سوسائٹی کے اندر اگر کچھ منافقین موجود تھے بھی تو اولاً ان کی تعداد اتنی کم تھی کہ آسانی سے ان کو انگلیوں پر گنا جاسکتا تھا اور ثانیاً ایک صالح نظام کے قائم ہو جانے کی وجہ سے وہ اگر اس طرح کی کوئی مجرمانہ حرکت کر بھی گزرتے تھے تو ہر وقت اس کی سخت ترین پاداش کے خوف سے کانپتے رہتے تھے۔ پھر جب ایسی سوسائٹی میں پردہ کا حکم ضروری سمجھا گیا تو اس سے اندازہ کیا جاسکتا ہے کہ ہماری اس سوسائٹی میں اس کی کس قدر ضرورت ہو گی جس کا حال یہ ہے کہ اس کے اندر شاید مخلصین کی اتنی تعداد نہ ہو جتنی اس سوسائٹی میں منافقین کی تھی۔"

مولانا اصلاحیؒ نے نہایت عمدہ انداز میں اس غلط فہمی کو دور کیا کہ حجاب کے حکم کو وقتی تدبیر کہہ کر اسی زمانے کے ساتھ خاص نہ کیا جائے بلکہ بعد کے زمانوں میں بھی حجاب کے احکامات پر عمل درآمد ہوتا رہا ہے۔

اور مزید یہ بھی کہا جاسکتا ہے کہ اگر یہ تسلیم کرلیا جائے کہ قرآن کریم نے منافقین کی ایذارسانیوں اور شرارتوں سے بچنے کے لیے احکامات "حجاب" دیے تھے۔ تو اس کو ان احکام کے نزول کی ایک وجہ اور حکمت تو کہا جاسکتا ہے۔ لیکن اس سے دوسری وجوہات کی نفی نہیں کی جاسکتی۔ احکام شریعت کی گہرائی اور ان کے فوائد و مقاصد کا تو عقل انسانی احاطہ ہی نہیں کرسکتی۔ جہاں احکام حجاب کی پابندی سے منافقین کی ایذارسانیوں سے تحفظ کا حصول تھا وہاں "انسداد فواحش" کے لیے بھی یہ احکام بہت بڑی رکاوٹ ہیں۔

اور یہ استدلال بھی باطل ہے کہ آج باندیوں کا دور نہیں ہے کہ جن سے الگ شناخت کے لیے آزاد عورت کے لیے جلباب کو وجہ شناخت بنا کر ان کے لیے حجاب کو

ضروری قرار دیا جائے۔

اس لیے کہ گو، آج باندیوں کا دور نہیں ہے مگر ایذا رسانی پہلے سے بڑھ گئی ہے ۔ بے حجابی اور پر کشش و چست لباس پہن کر نکلنے والی عورت پر ستائشی نظروں کے علاوہ ہوس سے بھری ہوئی نظریں پڑتی ہیں بعض دفعہ تو صرف نظروں سے ہی تعاقب نہیں ہوتا بلکہ ان کا پیچھا کیا جاتا ہے اور تنہائی یا موقع ملتے ہی ان پر فقرے کسے جاتے ہیں۔اور ان عورتوں کی عزت لوٹنے کے لیے مختلف حیلے و بہانے کیے جاتے ہیں اور اسی پر اکتفاء نہیں ہے کئی دفعہ اغواء کی وارداتیں بھی انہی مذموم مقاصد کی تکمیل کے لیے ہوتی ہیں جیسا کہ آئے روز اخبارات و میڈیا میں اس قسم کی خبریں پڑھنے اور سننے کو ملتی ہیں۔

خلاصہ بحث

حجاب کا تعلق صرف تاریخ اسلام سے نہیں ہے بلکہ اسلام سے قبل بھی مختلف تہذیبوں اور علاقوں میں اس کا ثبوت ملتا ہے۔ شریعت اسلامیہ میں احکام حجاب اصل مقصود نہیں ہیں۔ بلکہ اصل مقصود بے راہ روی کا خاتمہ ہے جو کہ انسانیت کے لیے انتہائی نقصان دہ ہے۔ چنانچہ بے راہ روی کے خاتمہ اور حفظ عصمت کے لیے یہ احکامات دیے گئے ہیں۔ اور اس سلسلہ میں جو چیزیں ممد و معاون ہو سکتی تھیں شریعت مطہرہ نے ان کے بجا لانے کا مطالبہ کیا ہے۔ اور جو چیزیں نقصان دہ تھیں ان سے اجتناب کا حکم دیا ہے۔ چونکہ عورت کا اپنی نسوانیت کی چادر اتار کر بے حجاب ہونا معاشرے کے لیے نقصان دہ ہے۔ چنانچہ اس عظیم نقصان کے پیش نظر جو عورت کے "بے پردہ" ہونے سے کسی بھی معاشرے کو پیش آسکتا ہے، اسلام نے حفظ ماتقدم کے طور پر "حجاب" کا حکم دیا در حقیقت "حجاب" انسداد فواحش کے لیے ہے، جس کا مقصود اصلی معاشرے میں مرد و عورت کی بے ضابطہ آمیزش اور ضرورت سے زیادہ اختلاط کو روکنا ہے۔

★★★

حواشی

۱۔ کیرانوی، وحید الزمان، مولانا، القاموس الوحید، لاہور، ادارہ اسلامیات ، اشاعت اول، جون ۲۰۰۱ء، صفحہ ۳۱۲

۲. ۔ الافریقی، ابن منظور، لسان العرب، بیروت، دار صادر، (ت ن) جلد اول، صفحہ ۲۹۸

۳. ۔ احزاب: ۵۳

۴. ۔ مفتی شفیع، احکام القرآن، کراچی، ادارۃ القرآن والعلوم الاسلامیہ ، ۱۴۱۳ھ، جلد ۳، صفحہ ۴۰۶،

۵. ۔ القاموس الوحید، صفحہ ۷۴۳

۶. ۔ رازی، محمد بن ابی بکر بن عبد القادر، مختار الصحاح، بیروت، مکتبہ لبنان ناشرون، ۱۹۹۵، جلد اول، صفحہ ۱۲۰

۷. ۔ مفتی شفیع، احکام القرآن، جلد ۳، صفحہ ۴۰۵ ۴۴

۸. ۔ الاعراف: ۲۲

۹. ۔ مفتی شفیع، احکام القرآن، جلد ۳، صفحہ ۴۰۶،

۱۰. ۔ ایضاً، صفحہ ۴۰۶

۱۱. ۔ ایضاً، صفحہ ۴۰۷

۱۲. ۔ مفتی شفیع، احکام القرآن، جلد ۳، صفحہ ۴۰۷

۱۳. Hans licht –Sexual Life in Ancient Greece, 10th Edition, 1971, published by the Abbey Library, London P/23.

۱۴. Ibid Page 28

۱۵. Ibid Page 31

۱۶. ۔عنایت عارف ،عورت تاریخ عالم کی روشنی میں ،کراچی، ناشر الفیصل ناشران غزنی سٹریٹ اردو بازار، اکتوبر ۲۰۰۹ء صفحہ ۳۳۰، مودودی ،ابو الاعلی ،سید، پردہ ،لاہور، اسلامک پبلی کیشنز (پرائیوٹ) لمٹیڈ، ستمبر ۲۰۰۹ء، صفحہ ۲۴، انور بن اختر، محمد، پردہ اور جدید ریسرچ، کراچی، ادارہ اشاعت الاسلام اردو بازار، ۲۰۰۳ء، صفحہ ۸۶

۱۷. ۔امیر علی، سید، Spirit of Islam (روح اسلام) ترجمہ محمد ہادی حسین، لاہور، ادارہ ثقافت اسلامیہ ۲۔کلب روڈ، طبع دہم اپریل ۱۹۹۹ء صفحہ ۳۹۵

۱۸. ۔کتاب مقدس (The Holy Bible)، انٹر نیشنل بائبل سوسائٹی ۱۸۲۰ جیٹ سٹریم ڈرائیو یونائیٹڈ سٹیٹ آف امریکہ ،نیو بائبل اردو ورژن، باب پیدائش ،صفحہ ۳۸

۱۹. ۔اسلام اور دیگر مذاہب و معاشروں میں عورت کے حقوق و مسائل (حقوق وقضایا المراۃ فی عالمنا المعاصر) عبداللہ مرعی ،اردو ترجمہ، ثناء اللہ محمود، مفتی، کراچی، دارالاشاعت، ۲۰۰۱ء، صفحہ ۱۷۴

۲۰. ۔ایضا، صفحہ ۱۷۴

۲۱. ۔پردہ اور جدید ریسرچ، صفحہ ۸۶

۲۲. ۔شبلی نعمانی،مولانا،مقالات شبلی، ہندوستان، معارف اعظم گڑھ ۱۹۲۰ء جلد اول، صفحہ ۱۰۷

۲۳. ۔حبیب بن اوس طائی، ابو تمام، دیوان حماسہ ، ملتان، مکتبہ امدادیہ ٹی بی ہسپتال روڑ، باب المراثی، صفحہ ۱۷۲(س ن)

۲۴. ۔دیوان حماسہ ، باب الحماسہ ، صفحہ ۴۱

۲۵. ۔مسلم ،بن حجاج ،الامام،الصحیح ،بیروت ،دار احیاء التراث العربی ،(س ن)جلد ۲، صفحہ ۱۰۵۱

۲۶. ۔الاعراف:۳۔

۲۷. ۔القاموس الوحید، صفحہ ۱۲۰۸

۲۸. ۔مفتی شفیع، معارف القرآن، کراچی، ادارة المعارف ، طبع جدید مئی ۲۰۰۵ء جلد سوم، صفحہ ۴۸۵

۲۹. ۔النحل:۹۰

۳۰. ۔الانعام:۱۵۱

۳۱. ۔معارف القرآن، جلد سوم، صفحہ ۴۔

۳۲. ۔عربی میں لفظ "سد" رکاوٹ، آڑ اور بند کرنے کا مفہوم دیتا ہے (القاموس الوحید، صفحہ ۷۵۶) اور "ذرائع" ذریعہ کی جمع ہے ،لغت میں اس کے معنی "وسیلہ" کے ہیں ،جس سے کسی چیز تک پہنچا جا سکتاہے۔ (القاموس الوحید، صفحہ ۵۶۹) فقہ کی اصطلاح میں سے "سد ذرائع" سے مراد جائز امور کو منع کرنا جبکہ وہ ناجائز کی طرف لے جانے والے ہوں (علی حسب اللہ ،اصول التشریع الاسلامی ،کراچی ،ادارۃ القرآن والعلوم الاسلامیہ ، صفحہ ۲۸۳)

۳۳. ۔مفتی شفیع، معارف القرآن، جلد ہفتم، صفحہ ۲۰۵

۳۴. ۔الانعام:۱۰۸

۳۵. ۔المائدۃ:۹۰

۳۶. ۔الترمذی، السنن، بیروت، دار احیاء التراث العربی ،(ت ن) جلد ۳، صفحہ ۵۸۹

۳۷. ۔البقرہ:۲۷۵

۳۸. ۔الترمذی، السنن، جلد ۳، صفحہ ۵۳۵

۳۹. ۔لقمان:۱۳

۴۰. ۔[[المسلم، الصحیح، جلد اول، صفحہ ۵۶۸

۴۱. ۔النور:۳۱

۴۲. ۔بنی اسرائیل:۳۳

۴۳. ۔النور:۳۰

۴۴. ۔البخاری، محمد بن اسماعیل، الجامع الصحیح، بیروت ،دار ابن کثیر الیمامہ ،۱۹۸۷ء جلد ۲، صفحہ ۶۵۸

۴۵. ۔الحج:۷۸

۴۶. ۔ابن قیم، ابو عبداللہ محمد بن ابی بکر، اعلام الموقعین، بیروت ، ،دار الجیل، ۱۹۷۳، جلد ۳، صفحہ ۱۳۵

۴۷. ۔النور:۳۰

۴۸. ۔النور:۳۱

۴۹. ۔آل عمران:۱۴

.۵۰ ۔المسلم،الصحیح، جلد ۴، صفحہ ۱۶۹۹

.۵۱ ۔ مفتی شفیع،احکام القرآن، جلد ۳، صفحہ ۴۶۸

.۵۲ ۔السرخسی، شمس الدین، محمد بن ابی سھل ،ابو بکر،المبسوط للسرخسی، بیروت، دارالفکر للطباعۃ، والنشر التوزیع ۱۴۲۱ھ، جلد ۱۰، صفحہ ۲۶۴

.۵۳ ۔النووی، یحیٰ بن شرف، ابوزکریا،المنہاج شرح صحیح مسلم بن الحجاج ،(المعروف شرح النووی علی صحیح مسلم)بیروت،دار احیاء التراث العربی ،۱۳۹۲ھ، جلد ۶، صفحہ ۱۸۴

.۵۴ ۔ حصکفی، علاوالدین، در مختار، بیروت، دار الفکر،۱۳۸۶ھ، جلد ۶، صفحہ ۳۷۱، الزحیلی، وھبہ، الدکتور، الفقہ الاسلامی وادلتہ ،دمشق، درالفکر سوریہ، طبع رابع (ت ن)جلد ۴، صفحہ ۲۰۳، ابن قدامہ ،عبداللہ بن احمد، ،ابو محمد، المغنی فقہ الامام احمد بن حنبل، بیروت، دار لفکر،۱۴۰۵ھ، جلد ۷، صفحہ ۴۶۵

.۵۵ ۔النووی ،المنہاج شرح صحیح مسلم بن الحجاج ،جلد ۶، صفحہ ۱۸۴، الشیرازی، ابراہیم بن علی بن یوسف ،ابو اسحاق ،المھذب فی فقہ الامام الشافعی ،بیروت، دارالشامیہ، ۱۹۹۴ء، جلد ۲، صفحہ ۳۴

.۵۶ ۔الترمذی،السنن، جلد ۴، صفحہ ۴۶۵

.۵۷ ۔الاحزاب:۳۳

.۵۸ ۔الاحزاب:۳۲

.۵۹ ۔شامی، محمد امین، علامہ، حاشیہ ابن عابدین، بیروت ،دارالفکر،۱۳۸۶ھ، جلد اول، صفحہ ۴۰۶، طحطاوی، احمد بن محمد بن اسماعیل، حاشیہ طحطاوی علی مراقی الفلاح، مصر، مکتبہ البابی الحلبی ۱۳۱۸ھ، جلد اول، صفحہ ۱۶۱

۶۰. ۔البخاری، الجامع الصحیح، جلد اول، صفحہ ۲۴۲

۶۱. ۔النور:۳۱

۶۲. ۔الترمذی، محمد بن عیسی ،ابو عیسیٰ، السنن ،بیروت، دار احیاء التراث العربی، جلد، ۵، صفحہ ۱۰۶

۶۳. ۔المسلم، الصحیح، جلد اول، صفحہ ۳۲۸

۶۴. ۔ابو داؤد، جلد ۲، صفحہ ۲۵۴

۶۵. ۔الاصفہانی، راغب، امام، المفردات، مصطفی البابی، مصر، صفحہ ۴۰

۶۶. ۔القرطبی، ابوعبداللہ ، محمد بن احمد بن ابی بکر، الجامع لاحکام القرآن، الریاض، دار عالم الکتب، ۲۰۰۳ء، جلد ۱۲، صفحہ ۲۲۲

۶۷. ۔الاعراف:۲۲

۶۸. ۔القصص:۲۵

۶۹. ۔الاحزاب:۵۳

۷۰. ۔البخاری، الجامع الصحیح، جلد اول، صفحہ ۱۲

۷۱. ۔المسلم، الصحیح، جلد اول، صفحہ ۶۴

۷۲. ۔الترمذی، السنن، جلد ۴، صفحہ ۳۴۹

۷۳. ۔مفتی شفیع، معارف القرآن، جلد ہفتم، صفحہ ۲۱۰

۷۴. ۔الاحزاب:۵۳

۷۵. ۔البخاری، الجامع الصحیح، جلد ۴، صفحہ ۱۷۹۹

۷۶. ۔البخاری، الجامع الصحیح، جلد ۱، صفحہ ۱۵۷

۷۷. ۔البخاری، الجامع الصحیح، جلد ۵، صفحہ ۲۳۰۳

۷۸. ۔البقرہ:۱۸۷

۷۹. ۔المسلم، جلد ۲، صفحہ ۱۰۲۴

۸۰. ۔الاحزاب:۵۹

۸۱. ۔الاحزاب:۵۹

۸۲. ۔اصلاحی ،امین احسن،اسلامی معاشرہ میں عورت کا مقام،لاہور ،فاران فاؤنڈیشن،اکتوبر ۲۰۰۹، صفحہ ۱۲۰

۸۳. ۔امام قرطبی نے بھی اس کو حکمت قرار دیا ہے چنانچہ وہ لکھتے ہیں: ﴿ذٰلِکَ اَدۡنٰۤی اَنۡ یُّعۡرَفۡنَ فَلَا یُؤۡذَیۡنَ﴾ أي الحرائر حتی لا یختلطن بالإماء فإذا عرفن لم یقابلن بأدنی من المعارضة مراقبة لرتبة الحریة فتنقطع الأطماع عنهن" یعنی آزاد عورتیں لونڈیوں کے ساتھ خلط ملط نہ ہو جائیں۔پس جب وہ پہچان لی جائیں گی کہ وہ آزاد عورتیں ہیں تو ان کے مقام و مرتبہ اور آزادی کی رعایت رکھتے ہوئے انہیں معمولی تکلیف بھی نہ پہنچائی جائے گی اور ان سے ہر قسم کی غلط امیدیں منقطع ہو جائیں گی۔"(الجامع لاحکام القرآن، ریاض، دار عالم الکتب، ۲۰۰۳ء، جلد ۱۴، صفحہ ۲۴۳)

***